HYPNOSE ELMANIENNE

Une hypnose directe et moderne
Volume 1

Christophe Pank

« Voir et découvrir la multitude dans l'unique »

Du même Auteur Chez HnO Edition

1/ *Initiation à l'Hypnose Classique Curative (Oct-2012)*
2/ *Méthode d'Auto* **Hypnose (Nov-2012)**
3/ *Hypnose et Régressions (Janv-2013)*
4/ *Initiation à l'Hypnose Urbaine (Dec-2012)*
5/*L'ésotérisme décrypté par l'Hypnose (Avr-2013)*
6/ *Hypnose avec les Enfants (Mai-2013)*
7/ *Mieux éduquer ses enfants grâce aux outils de l'Hypnose (Juin-2013)*
8/ *CrossTherapy (Oct-2013)*
9/ *Mes Premiers pas sur la loi d'attraction (2013)*
10/ *Hypnose H-Ultra Ou Hypnose Profonde (Nov-2013)*
11/ *Laboratoire Hypnose Volume 1 (Oct-2013)*
12/ *CT Energetics : Magnétisme et Transes (Janv-2014)*
13/ *Chercheur sur la Loi d'Attraction (Janv-2014)*
14/ *Hypnose et Hypnosophie (Avr-2014)*
15/ *Apprendre le système TPA (Mai-2014)*
16/ *Hypnose et Posture du Praticien (Juil-2014)*
17/ *Hypnose et la Pre-test Therapie (Oct-2014)*
18/ *Base de PNL Interpersonnelle (Nov-2014)*
19/ *Base de la PnL Coaching (Fev-2015)*
20/ *Périple d'un Praticien d'Hypnose contre le Cancer (Fev-2015)*
21/ *Manuel de Formation à l'Auto Amour (Avr-2015)*
22/ *Hypnose et Douleur (Juil-2015)*
23/ *Cette Hypnose Ascendante nommée Hyperempiria (Sept-2015)*
24/ *Hypnose Elmanienne (Nov-2015)*
25/ *Questiosophie (Fev-2016)*

Table des matières

Introduction

En France, l'Hypnose a une histoire lointaine qui a commencé avec **le Mesmérisme**. Nous avons eu une résurgence de ce système dans notre pays avec la tendance **Ericksonienne et sa fille la PNL**. Il y a eu dès lors un tel engouement vis-à-vis de ce psychiatre et de sa méthode que toute autre forme d'hypnose fut mise de côté. Vous êtes nombreux à savoir que depuis des années je mets en avant une autre tendance qui a été développée aux USA **par un homme : Dave Elman.**

Comme Dave Elman n'était pas médecin contrairement à Milton Erickson, il ne fut pas reconnu dans l'Hexagone. Pourtant, aux Etats Unis, sa façon de faire a été popularisée par Gerald Kein, son élève, qui est une référence sur le nouveau monde. Pourtant, pour trouver des informations, exceptée la fameuse **induction de Elman**, nous n'avons aucun ouvrage.

Comme j'aime particulièrement cette école et comme je l'ai fait pour l'Hyperempiria, je vais vous partager **quelques bases de ce système** issues de l'enseignement de Gerald Kein. Prenez plaisir à la découverte du monde hypnotique de Dave Elman.

1 - Dave Elman

Dave Elman (1900 -1967) est **un homme de radio et de scène**. Il a appris l'hypnose lorsqu'il était jeune, pour **apaiser les douleurs** de son père atteint d'un cancer. C'est un ami de la famille, hypnotiste de scène, qui lui **enseigna les bases,** et le jeune Dave étant fasciné par les **qualités analgésiques** de la méthode, continuera à développer cet aspect toute sa vie en parallèle de sa carrière professionnelle. Il est d'ailleurs intéressant de se rendre compte que cette rencontre avec la gestion de la douleur, allait devenir **le cœur de l'hypnose** qu'il allait développer. Il a beaucoup **travaillé avec les médecins et les dentistes,** lui-même n'étant pas membre du monde médical.
Il a aidé pour les anesthésies et les analgésies, avec une spécificité, la vitesse à laquelle il offrait un état de confort aux patients opérés. Il a accompagné dans les années 50 la première opération à cœur ouvert sous hypnose. Dave Elman n'était pas dans la critique des autres 'méthodes' d'hypnose, il expliquait aux médecins et dentistes, qui ne parvenaient pas à mettre leurs clients en anesthésie, qu'il avait simplement étudié le sujet d'un angle différent.S'ils avaient étudié comme il (Elman) l'avait fait, ils auraient eu les mêmes résultats. Son principal élève fut Gerald Kein. Je vous présente, de cette tendance, celle enseignée par **Gerald Kein**.
Gerald Kein était, selon l'histoire racontée, fasciné par l'hypnose et il est allé demander à Dave Elman de lui enseigner.Ce dernier n'étant pas d'accord, le jeune Kein a insisté pendant tellement longtemps qu'il a accepté un deal.

Gerald Kein pourrait l'accompagner pour **filmer ses interventions** mais ne devrait pas poser de questions.

C'est ainsi qu'il est devenu l'élève 'indirect' de Dave Elman, puis **son principal descendant**. D'ailleurs, je n'ai pas réussi à trouver d'autres hypnotiseurs qui se disent être élèves de Dave Elman. Ceci est cohérent, sachant qu'il enseignait sa méthode à des médecins qui l'utilisaient en **complément de leurs professions** et surtout pour des problématiques comme des phobies et des douleurs.

2- Quelle définition pour l'Hypnose Elmanienne ?

Une des premières choses qu'il faut savoir c'est que **tout le monde** sur cette planète a déjà été hypnotisé. C'est un état naturel vécu tous les jours dans ce que nous nommons les **'transes du quotidien'.**Par exemple, lorsque vous avez les yeux dans le vague, en train de penser à **un sujet différent** que celui dont votre interlocuteur vous parle. Quand vous êtes dans votre voiture et que vous ne vous rendez pas compte du nombre de fois où vous avez freiné, passé les vitesses ou stoppé aux feux rouges, ce sont également des **transes du quotidien**. Tout le monde a déjà vécu des **états similaires** et donc **tout le monde est capable d'être hypnotisé.**

Lorsque nous sommes dans un état hypnotique, nous **ne sommes pas coupés** du monde, les exemples précédents vous prouvent que **vous ne dormez pas,** que **vous n'êtes pas inactifs**, sinon il risquerait d'y avoir beaucoup d'accidents de voiture.

Nous pouvons nous **souvenir de tout** quand nous sortons d'une session, l'hypnose n'est pas un outil pour 'faire oublier'. Il est d'autant plus important d'avoir conscience que **c'est naturel,** que nous ne dormons pas et que nous sommes maîtres de nos sessions, parce que, s'il existe un élément pour **ne pas plonger en hypnose** selon Gerald Kein c'est : **LA PEUR.** Nous verrons que **lever les peurs** avant de commencer une session est le travail initial de tout praticien, dans ce que l'on nomme **le pretalk.**

Pour l'instant, je ne vous ai donné que des exemples de ce qu'est l'hypnose, voici la **définition Elmanienne par Gerald Kein** de cette discipline :

L'hypnose est un état d'esprit qui permet le contournement du facteur critique du conscient et la mise en place de pensées sélectionnées.

Dave Elman précise que l'hypnose a pour unique but de laisser le **plein contrôle au client,** que ce soit l'analytique ou la volonté, la seule chose qui est en 'suspend' est le facteur critique.

Ce dernier serait bloquant dans des circonstances normales (hors transe), parce que **difficilement acceptable dans son état ordinaire.**

Par exemple, si je vous dis que vous allez être anesthésié et que je vais pouvoir vous opérer sans le moindre anesthésiant, le facteur critique ne va pas accepter la suggestion, par contre en transe celle-ci va être facilement intégrée, offrant une anesthésie puissante.

Le facteur critique est la partie dans laquelle se trouve le jugement, Dave Elman précise dans son livre que c'est ce qui permet de distinguer le chaud, du froid, le grand et le petit (c'est ce qu'il considère comme étant le jugement).

Une fois le facteur critique contourné, il devient plus difficile, voire impossible, de distinguer les choses et donc plus simple d'orienter les pensées vers un objectif.

Par exemple, analgésier ou, dans une hypnose de scène, quand on dit qu'il fait très froid, et que tous les participants grelottent.

En somme, nous avons **deux parties dans notre démarche.** Nous allons **contourner les différents aspects 'critiques'**

- De la facette **consciente** qui regroupe : **le rationnel, l'analytique et la volonté pour aller toucher**
- Le **subconscient** est composé des **mémoires permanentes, des émotions, des logiques d'auto préservations, les habitudes** bonnes ou mauvaises

Puis proposer **des suggestions** qui devront être acceptées par le 'client' (je vais utiliser la sémantique de Gerald Kein pour définir ce que je nomme habituellement partenaire ou patient).

Nous pouvons donc observer que cette définition change du classique '**état modifié de conscience**'.

Gerald Kein, dans son enseignement, explique que de nombreuses personnes pourraient remarquer qu'il ne met pas en avant **la relaxation**.

Dans la tendance Elmanienne, la relaxation pour entraîner en transe est **presque tabou**, Gerald Kein explique que **c'est long, ennuyant et sans intérêt particulier.**

Nous le verrons dans les pages suivantes, mais il est souvent conseillé à l'hypnotiste d'utiliser **une induction rapide ou instantanée** pendant ses sessions.

Je me souviens, il y a quelques années, quand j'expliquais à des confrères que je ne faisais **que des inductions rapides** pour entraîner mes partenaires en transe, certains me faisaient la remarque que **cela était violent**. Je vous invite à regarder un peu sur le net les différentes inductions rapides ou instantanées et excepté le zap :) rien n'est violent et encore moins quand nous le vivons de l'intérieur.

3 - La première partie de la session : le pretalk

S'il y a un élément qui est particulièrement important dans la démarche Elmanienne, c'est le pretalk. Gerald Kein précise que cela pourrait **prendre 30 minutes.**Si je devais définir ce mot 'pretalk', c'est la phase qui présente l'hypnose et qui a pour but de **lever les peurs du client** et, ce qui est encore plus important, de MONTRER QUE VOUS ÊTES UN EXPERT et votre qualification. Je vous l'ai dit précédemment, la peur est, selon Gerald Kein, la seule chose qui pourrait vraiment **bloquer le travail** que nous souhaitons mettre en place. Pour que ce soit plus facile à assimiler je vais vous lister les différents éléments qui pourraient être mis en avant dans le pretalk.

- Mise à plat de ce que représentent les **trois parties de l'esprit :**
  - **Le Conscient - le Subconscient et l'Inconscient.** Pour cette dernière partie vous pouvez expliquer que ce n'est pas ce que vous allez utiliser parce qu'il a pour but de gérer le **système immunitaire et les fonctions automatiques** du corps.
- Précisez :
  - **Le Conscient :** Ce qu'il vit au moment où vous expliquez.
    - Il **analyse les problèmes** et cherche des solutions. Il prend des **décisions,** parfois sur des éléments que nous avons l'impression d'automatiser, comme prendre une fourchette, nous **décidons** de la saisir, ce n'est pas subconscient

19

- Il est rationnel, il **cherche des raisons** aux choses quitte à répéter ce qu'il a déjà entendu pour éviter de creuser
- Il est le siège de la **volonté**
- Il est aussi la **mémoire à court terme**

○ Le Subconscient : Pour Gerald Kein c'est la véritable partie de soi
- Il est puissant notamment au niveau de la **mémoire qui enregistre tout,** et qui de ce fait permet des régressions.
- Il est **rempli d'habitudes, des bonnes, des mauvaises et des utilitaires.**
- Il est le **siège des émotions**
- Il est **protecteur**, il protège que ce soit un danger réel ou virtuel
- Il est le siège de **notre partie négative.**
- C'est d'ailleurs pour cette raison que les suggestions négatives sont faciles à accepter et les positives si difficiles parce qu'elles entraînent des changements.

- Expliquez **comment va fonctionner** le principe de suggestions.

La **suggestion hors transe** va passer **par le facteur critique,** qui va **valider l'envie consciente** et donc la volonté, en contactant le subconscient, qui **risque de rejeter la suggestion,** parce qu'il y a un effort à mettre en place et qu'il **ne souhaite pas se fatiguer.**

En somme, vous ne pouvez pas entrer en contact avec la partie profonde. Il faut donc **utiliser l'hypnose pour contourner le facteur critique.**

- En hypnose le **conscient sera toujours présent** et tous les sens pourront être encore plus **en alerte.** Souvenez-vous, en hypnose on ne dort jamais.

Le conscient est orienté différemment pour répondre de **façon positive aux suggestions.**

- Précisez que toute hypnose est **une auto hypnose,** donc si le client ne part pas dans sa transe c'est qu'il ne le souhaite simplement pas.

Le client est **capable de faire tout seul,** il ne sait simplement pas comment et le travail qui va être fait peut-être pris comme un **apprentissage.**

- Il n'y a que le client qui puisse **laisser les choses arriver.** C'est un état d'accord de sa part. Il doit aller dans la direction qu'il souhaite atteindre.

- Rappelez que le client **ne dort jamais,** donc aucune peur de ne pas pouvoir se réveiller. Que l'hypnotiste ne peut pas contrôler donc ne peut pas imposer un changement.

- Rappelez le deal qu'**il doit accepter les suggestions avec l'idée que cela va fonctionner.**

- Expliquez la différence entre la thérapie en hypnose et l'hypnose de scène.

- Faites valider le contrat hypnotique, celui qui dit que vous allez l'accompagner et qu'il devra faire ce que vous lui proposez.

Comme vous pouvez le voir, le prétalk est **très complet,** nous devons toucher toutes les croyances et ne pas hésiter à bien **préciser tout ce qu'il faut** pour que notre client soit à **100% rassuré** et qu'il comprenne clairement que c'est lui qui fait une grosse partie du travail.

Pour Dave Elman, il est important de garder en tête, en tant que praticien, que nous devons poser trois choses importantes :

- **L'accord du client**
- **La communication entre le praticien et le client**
- **Avoir retiré les peurs et les résistances concernant son 'opérateur'.**

Pour la petite histoire, Dave Elman conseille de **ne pas utiliser le mot hypnose** mais plus un état d'esprit. Il estime que ce mot peut faire peur.

4 - Le toucher et la voix en Hypnose Elmanienne

Le toucher n'est pas tabou en hypnose Elmanienne, c'est bien sur **une notion d'intention** de la part du praticien. Il y a une **sensation de sécurité et de confiance** en l'hypnotiste. Gerald Kein fait souvent tourner la tête de son client pour **approfondir l'état.**

De plus, il précise que c'est une des zones du corps qui peut prendre le plus de temps à s'apaiser, ce qui prouve aussi que le client se laisse aller.

Vous allez pouvoir **préciser dans votre pretalk** que vous allez être en contact pendant la session.

Les seuls cas où il faut éviter le contact, c'est lorsque le client vient pour une problématique **d'agression physique/sexuelle.**

Il y a un autre cas où l'on interrompt le contact, pendant **les abréactions du client** pour éviter d'ancrer l'état.

La voix est aussi **assez différente** de ce que nous avons comme idée de l'hypnotiste. En général, on pense qu'il faut une voix profonde, lente et caverneuse.

En hypnose Elmanienne, même si, en fonction des moments de la session, il arrive de parler plus doucement, la plupart du temps, **le timbre de voix et la rythmique sont très naturels.**

Il y a même un grand dynamisme comme si vous étiez **en train de motiver votre client.**

D'ailleurs Dave Elman précise dans son livre que c'est parce que James Braid a mis en avant la voix monocorde et la fixation du regard, que souvent les hypnotistes thérapeutiques ont moins de résultats que les hypnotistes de scène.

Pensez que votre sémantique doit être simple, comme si vous parliez à un enfant de 10 ans.

Il n'y a **pas de synchronisation ou d'attente** comme en hypnose Ericksonienne. Tout reste assez naturel, le niveau de transe recherché étant le niveau somnambulique, la façon de parler n'a aucune importance pour notre client.

5 - Les différents types d'inductions et les niveaux de transes de l'Hypnose Elmanienne

Nous différencions **trois types d'inductions.**
Les inductions progressives, les inductions rapides et les inductions instantanées.
Les **inductions progressives,** sont celles utilisées en relaxation, elles peuvent prendre une vingtaine de minutes. En Hypnose Elmanienne, elles ne sont pas utilisées, Gerald Kein allant même jusqu'à dire que pour ce type d'induction, il n'y a pas besoin d'avoir de praticien, un MP3 peut amplement suffire.
Les **inductions rapides,** mettent environ 5 minutes pour entraîner le partenaire au niveau somnambulique. On utilisera presque à toutes les sessions la Elman Induction.
Les **inductions instantanées** contournent immédiatement le facteur critique, ensuite, il faut prendre le temps d'approfondir, il faut compter autour de 2-3 minutes.
Je vous propose deux inductions très simples à mettre en place :

La butterfly induction : Ce n'est pas une induction créée par Gerald Kein ou Dave Elman mais par John Cerbone, et c'est à mes yeux l'une des plus simples à exécuter dans son quotidien.

- Prenez la main droite de votre partenaire avec votre main gauche, **commencez à la balancer** de gauche à droite >> cela construit un pattern que nous allons interrompre

- Avec l'autre main vous allez faire un mouvement du haut vers le bas et de gauche à droite devant les yeux de votre client en lui demandant de **suivre vos doigts**. >> Second pattern
- Quand vous avez répété **en même temps ces deux mouvements** au moins 5 fois, vous allez tirer la main que vous balancez et claquer des doigts devant les yeux que vous faites focaliser.
- Au même moment vous allez dire ' **DORS'** et **enchaîner** avec des approfondissements.

La Handrop induction : C'est un classique de l'hypnose Elmanienne, il y a un choc qui interrompra le pattern qui va être mis en place.

- Mettez votre main droite paume vers le haut, coude sur votre genou et demandez à votre client de **mettre sa main sur la votre**
- Demandez à votre client de mettre le plus de force possible sur votre main pendant que vous lui mettez un doigt devant les yeux que vous lui demandez de fixer
- Puis une fois que vous sentez que le client est **complètement focalisé** sur la force de sa main, **retirez rapidement la vôtre.**
- Cela va faire descendre votre client d'un coup et vous suggérez directement **'DORS' et vous enchaînez** avec des approfondissements.

Pensez bien à parler directement après la rupture de pattern pour que l'induction fonctionne correctement.

Il y a plusieurs niveaux considérés en Hypnose Elmanienne tels que les enseigne Gerald Kein :

- **Niveau Léger** qui offre une entrée en transe, permet de se **focaliser,** de se détendre avec les yeux fermés.
- **Niveau Moyen** qui ouvre aux **catalepsies mineures et majeures**
- **Niveau Somnambulique,** qui est le **niveau de base** du travail en hypnose Elmanienne, pour faire des **régressions, des anesthésies, du contrôle de la douleur et pour travailler sur les maladies lourdes.** Pendant longtemps nous n'utilisions pas ce niveau de transe parce que nous ne parvenions pas à le faire de façon rapide. Mais vous verrez qu'avec la Elman Induction cela va être simple.
- **Niveau Coma Hypnotique,** qui est également nommé l'état Esdaile. Un état dans lequel le client se sent particulièrement bien. Il offre une grande opportunité pour les personnes atteintes de fortes douleurs.
-

Dave Elman donne un autre classement, d'ailleurs il y a de nombreuses classifications des profondeurs de transe.

- **Léger ou superficiel**
- **Somnambulique**
- Le **Coma Hypnotique**
- **L'hypno-sleep,** un niveau dont Gerald Kein ne parle pas dans ses cours, Dave Elman explique que c'est de l'hypnose mêlée avec le sommeil, je reviendrai dessus plus tard dans l'ouvrage.

Les différents niveaux de transes sont utilisés pour orienter vers ce qui est le niveau **somnambulique** et également afin de comprendre comment fonctionne **le travail en hypnose éveillée.**

Ces deux aspects de l'hypnose Elmanienne sont à bien prendre en compte pour utiliser cette méthode de façon optimum.

La maîtrise des inductions vous permettra de mettre rapidement votre client dans **un état exploitable** pour la session.

Vous devez savoir si le client est bien au niveau qui vous convient, c'est-à-dire le niveau somnambulique, qui est essentiel pour le travail thérapeutique de cette école.

6 - L'induction Elman

Pour Amener notre partenaire à **un niveau somnambulique**, la méthode la plus utilisée en Hypnose Elmanienne est l'induction Elman.

Je vous donne un script qui vous indique la sémantique que nous utilisons. Il existe de **nombreuses vidéos** sur le net qui pourront vous montrer différentes façons de la mettre en place.

' *Prends une grande inspiration et maintiens quelques instants ton souffle, et à l'expiration, laisse tes yeux se fermer. Commence à effacer les tensions de ton corps. Laisse ton corps* **se relâcher le plus possible***. Maintenant, prend conscience des muscles de tes paupières et commence à les relâcher jusqu'à ce qu'elles ne s'ouvrent plus. Prends vraiment ton temps pour enlever toutes les tensions qui pourraient te gêner et jusqu'à ce que tu n'aies* **plus l'envie de les ouvrir.**

Une fois que tu es sûr que tu ne veux plus les ouvrir, tu vas tester afin de constater que tes paupières sont complètement détendues et que tu n'ouvres plus les yeux.

Très bien.

Maintenant tu vas diffuser cette relaxation dans toutes les parties de ton corps. Laisse cette détente se diffuser du sommet du crâne jusqu'à tes pieds.

Maintenant tu peux te relaxer encore plus profondément. Dans un moment, je vais te demander d'ouvrir et fermer tes yeux.

Quand tu fermeras tes yeux ça sera le signal pour te laisser envahir par une relaxation dix fois plus profonde. Il te suffit de l'accepter et de laisser aller cette relaxation.

Maintenant ouvre tes yeux et ferme-les, et ressens toute cette relaxation dans tout ton corps. Utilise ton imagination pour te sentir de mieux en mieux, de plus en plus relâché.

Tu peux continuer à te relâcher et dans quelques instants je vais te demander d'ouvrir une seconde fois tes yeux. Au moment de les fermer tu vas encore doubler l'état de relaxation que tu as à cet instant. Ouvres tes yeux et ferme les en doublant encore ton état de relaxation.

*Laisse tous les muscles de ton corps se relâcher de plus en plus dans la plus merveilleuse des relaxations. **Fais comme si tous tes muscles** étaient pleinement relâchés.*

Dans quelques instants, je vais saisir ton poignet et le balancer quelques fois avant de le relâcher. Si tu as bien suivi mes suggestions, ton poignet doit être totalement relâché, il doit être lourd et sans tension, et il va se laisser tomber sur ta cuisse.

Tu doubleras ton état de relaxation dès que ta main touchera ta cuisse.

*Maintenant que tu t'es complètement relaxé physiquement, je souhaite que tu prennes conscience **des deux seules façons de se relâcher**. La **relaxation physique et la relaxation psychique**.*

Tu m'as prouvé que tu arrives à te relâcher physiquement, maintenant tu peux me montrer comment tu te relaxes psychiquement.

Dans un instant, je vais te demander de décompter de 100 à 1, doucement, calmement et à voix haute. Le secret pour que tu te relâches psychiquement est, qu'à chaque fois que tu prononceras un chiffre, tu doubleras ton état de relaxation.

Maintenant si tu fais cela, avant le chiffre 97 ou peut être avant, ton esprit sera tellement relaxé que tous les autres chiffres n'auront pas à être prononcés.

Maintenant tu n'as plus qu'à le faire, je ne peux pas le faire à ta place. Les chiffres disparaîtront si tu les laisses aller.

Maintenant commence à décompter en ayant en tête ce que tu souhaites obtenir.

Commence à compter...

(Version Gerald Kein)

Le niveau somnambulique est donc le niveau qui est atteint dans cette démarche de la Elman Induction. Il y a **une amnésie** dans la démarche de décompte de 100 à 1.

Il faut bien se rendre compte que **l'amnésie hypnotique n'est pas toujours un oubli**, mais très souvent une incapacité de prononcer les mots ou les chiffres. Toutes les sessions en Hypnose Elmanienne, pour les débutants dans cette méthode, passent par cette induction, qui doit être **connue et maîtrisée parfaitement.**

Vous verrez qu'en moins de cinq minutes vous allez mener **n'importe quel partenaire** dans ce niveau de transe. Imaginez le temps que vous allez gagner sur vos sessions.

7 - Les Tests de suggestibilité

C'est un classique de l'hypnose Elmanienne, nous utilisons régulièrement les tests de suggestibilité, particulièrement **durant la première session,** afin de permettre à notre client de bien sentir **ce qu'il peut vivre** dans une transe.

Comme je le souligne souvent après des années de sorties en hypnose urbaine, très souvent les partenaires gardent en mémoire un jeu, particulièrement simple, les mains qui s'attirent comme étant une **expérience particulièrement puissante.**

La plupart du temps, c'est même plus marquant que des hallucinations. Donc n'hésitons pas à le proposer en session, **après le pretalk** par exemple.

Je vous propose les deux tests les plus classiques que nous pouvons retrouver en cabinet sans que ce soit 'étrange' ou trop 'spectacle' pour le cabinet.

- **Les mains magnétiques :** Demandez à votre client de mettre **ses mains l'une face à l'autre,** les bras tendus. Proposez d'imaginer qu'il mette un aimant sur chaque poignet. Précisez que ce sont des aimants qui vont dans un premier temps se rapprocher.

Puis avec **des suggestions directes** et en accompagnant avec des claquements de doigts vous allez orienter son imagination. Précisez-lui qu'il se laisse aller à savoir que, quoi qu'il arrive ses mains vont **se rapprocher.**

- **La poulie :** Demandez à votre client de mettre une main paume vers le haut et l'autre main paume vers le bas, les bras tendus.

33

- Faites imaginer **des ballons d'hélium** attachés aux doigts de la main dont la paume est vers le bas et **des encyclopédies très lourdes** dans la main dont la paume est vers le haut.

  Nourrissez de suggestions directes du type : les encyclopédies deviennent de plus en plus lourdes, tu peux même en rajouter, pendant ce temps-là, les ballons sont de plus en plus grands et légers... Vous pouvez utiliser les claquements de doigts.

Avec ces deux tests simples vous allez permettre à votre partenaire de vivre une expérience hypnotique en plus de **rentrer dans une transe**.

Vous allez pourvoir, si vous le souhaitez, interrompre **le pattern** (le schéma automatisé accepté, contournant le facteur critique dans notre cas), il vous suffira de descendre soudainement la main avec le mot : 'Dors'.

Il est important que vous ayez pu expliquer à votre partenaire que la sémantique 'dors' dans le cadre de l'hypnose est simplement le fait de fermer ses yeux et de se relaxer.

Gerald Kein aime également travailler avec **les pendules** comme outil dans les tests de suggestibilité. Pour avoir testé, cela n'est pas une très bonne idée, cela peut annuler tout le pretalk, et les peurs que nous avions levées risquent de revenir au galop. Le pendule étant vraiment l'outil de **l'hypnotiste stéréotypé.**

Pour ceux qui l'utilisent un peu pour un travail personnel, il est intéressant comme signaling. Vous pouvez l'utiliser en **géobiologie** et dans de nombreux domaines de questionnement, comme retrouver **un objet perdu.**

Il est souvent plus pertinent et plus fin que le signaling idéo moteur classique que nous utilisons avec les doigts dans une démarche d'auto hypnose.

8 - Les Patterns

En hypnose Elmanienne nous utilisons beaucoup **les patterns** pour les inductions, pour la compréhension de nos clients. Un pattern est **un schéma récurrent.** La plupart du temps nous l'avons **placé dans le subconscient.** Cela signifie que le facteur critique n'est **plus un élément bloquant,** parce que le processus est déjà intégré dans le subconscient. Pour construire un pattern il est important de **répéter un mouvement, un mot, une réflexion** etc...

L'éducation est une mise en place de pattern, combien de fois vos parents vous ont-ils dit de mettre la main devant la bouche quand vous baillez ?

En Hypnose Elmanienne, **nous recréons des patterns** en faisant répéter plus de trois fois un mot, une suggestion, un mouvement ou autre.

La répétition, on pourrait dire l'automatisation, ne va plus passer par une analyse et une décision du conscient, elle va donc dépasser le facteur critique et ouvrir une brèche vers le subconscient, pour entraîner dans une transe.

La répétition des suggestions que l'on **nomme seeding** en Ericksonien est utilisée de façon plus directe en répétant plusieurs fois de suite la suggestion pour offrir un pattern.

Nous verrons dans les inductions que la majeure partie des inductions instantanées se font en interrompant un pattern que nous avons fait mettre en place à notre client.

Plus le client sera analytique, plus notre pattern sera complexe et plus notre partenaire va saturer et lâcher prise, afin de nous permettre de **dépasser le facteur critique** pour entraîner dans la transe exploitable pour notre session.

Nous allons donc utiliser les patterns pour plusieurs choses :
- Les inductions
- Les suggestions
- Les ancrages

9 - Les Emerges

En Hypnose Elmanienne, **nous ne 'réveillons' pas nos clients**, nous les **émergeons**. Nous les sortons de la transe. Initialement les mots de Dave Elman étaient très simples :
' Dans un instant tu vas ouvrir les yeux et te sentir parfaitement et totalement bien... ouvre les yeux maintenant'.
Gerald Kein, lui, travaille plutôt sur un retour en trois temps, avec des suggestions du type : *'Je vais compter de un à trois et tu reviendras en pleine forme et plein énergie, mieux que jamais auparavant'*.
Il y a des **émerges partiels,** comme par exemple faire ouvrir les yeux **sans la moindre suggestion,** afin de permettre à certains clients de se laisser aller et de les ramener plus profondément dans leur transe.
Dans ce cas-là, nous obtiendrons **un fractionnement.** D'ailleurs souvenez-vous, si un partenaire ouvre les yeux pendant une session, voire va éteindre son téléphone qui sonne, cela n'est qu'un émerge partiel, et vous savez que vous pourrez **le ré-entraîner facilement** dans une transe plus profonde.
Il est important de faire un bon émerge en fin de session, cela permettra à votre client de rester dans son monde pendant un bon moment mais **en coupant** de l'état d'hyper-suggestibilité dans lequel il est.

10 - Les Hypnotistes et les psychothérapeutes

Pour Dave Elman, comme pour Gerald Kein, **un hypnotiste ne doit pas se prendre pour un psychothérapeute.**

Chacun son métier et donc un client va voir un hypno thérapeute pour faire de l'hypnose et avec la volonté que le résultat puisse être constaté **le plus rapidement possible. Il n'est pas venu pour une analyse,** ni pour une compréhension des choses.

Il vient avec le désir de changer un programme qui lui semble dissonant et qu'il souhaite mettre à jour avec les suggestions. Dans cette démarche, votre objectif en tant que praticien en Hypnose Elmanienne est de **proposer un niveau de transe optimum pour faire ce qu'il faut,** régressions, suggestions, recadrages, etc... afin de résoudre le problème du client.

Dans la démarche psychologique, l'Hypnose Elmanienne passe par l'explication de sa représentation de l'appareil psychique comme nous l'avons vu dans les chapitres suivants : Conscient, facteur critique, Subconscient et Inconscient.

Pour Gerald Kein, nous devons être des experts de notre discipline, avec les outils de cette discipline. Nous devons laissez aux autres experts un autre travail différent du nôtre.

Je ne suis pas d'accord avec cette perception des choses, mais je reviendrai dessus dans un chapitre consacré à ma perception, avec du recul, de cette superbe méthode qu'est l'Hypnose Elmanienne.

Gerald Kein pose très peu de questions à ses clients. Pour lui, il n'y a pas à poser de questions ni à demander ce qui s'est passé. Il estime que tout va se faire en transe, avec la régression et les suggestions.

11 - L'Hypnose Eveillée

En Hypnose Elmanienne, nous utilisons régulièrement **l'hypnose éveillée** comme dans l'hypnose Ericksonienne.

La différence entre l'état d'éveil classique et l'éveil hypnotique est **la transe** dans laquelle nous sommes parvenus en contournant le facteur critique, **volontairement ou en exploitant la transe existante.**

Régulièrement pour cela, nous utilisons **les transes spontanées,** dans lesquelles le client se dirige spontanément, ne serait-ce que dans le cadre du cabinet. Nous savons que le cabinet ouvre une attente de la part du client et une projection sur l'hypnotiste et ses capacités.

C'est d'ailleurs pour cette raison que le plus important est de montrer l'expertise, cela contourne le facteur critique du conscient, le praticien devenant **le référent.**

Le questionnement pouvant permettre cette mise en transe, il suffit de comprendre que **l'attente** de notre client et la **connexion avec ses émotions et ses mémoires** (dans le subconscient) ouvrent à la transe. A partir de cette situation, nous pouvons déjà **utiliser des suggestions pour offrir un confort** et un mieux-être à notre client.

Nous retrouvons **l'importance de la sémantique** bien plus développée dans l'hypnose Ericksonienne, sachant que dans la démarche Elmanienne, l'objectif est tout de même d'entraîner au niveau somnambulique.

L'hypnose éveillée est très utilisée également **en post hypnotique, ou avec un émerge partiel** pour compléter des suggestions et recadrer des fins de sessions.

Vous comprenez facilement que les transes du quotidien sont des hypnoses éveillées, elles sont donc utilisables.

Une manière simple d'entraîner un partenaire en Hypnose Éveillée est **la fascination** :

- Fixez profondément le regard
- Vous parlez normalement
- Vous mettez une intention forte dans votre regard et vos suggestions
- Vous pouvez ensuite lui dire de fermer ses yeux

12 - Les signes de la transe hypnotique

L'Hypnose Elmanienne a défini **plusieurs signes** intéressants à prendre en compte, pour se rendre compte que notre client est dans sa transe. Il y a en général entre **deux et trois** éléments perceptibles sur la plupart des clients que nous aurons en cabinet.

De mon point de vue, une des choses prioritaires à tout hypnotiste est de **reconnaître un partenaire en transe.** Cela semble idiot, mais de trop nombreux praticiens ne parviennent pas à savoir si leurs clients sont en transe ou pas, et pensent encore que les yeux qui s'ouvrent en session ou d'autres mouvements signifient que ce dernier n'est plus sous hypnose.

Voici les points que **Gerald Kein propose de prendre en compte** :

- Le corps devient dans un premier temps plus chaud avant de se refroidir
- Les mouvements des yeux comme des REM ou de bas en haut
- Des larmes peuvent couler
- Le client avale de plus en plus sa salive

Et Dave Elman propose de prendre en compte :

- La chaleur du Corps
- Les mouvements de paupière (REM)
- Les yeux larmoyants
- Le blanc des yeux qui rougit
- Les yeux qui se lèvent vers le haut

Avec l'expérience **vous pourrez facilement voir que votre partenaire est 'barré'.** C'est une habitude que vous allez facilement intégrer.

Pour moi la fixation du regard et cette façon plus souple me donnent des indications particulièrement intéressantes.

13 - Les lois de l'esprit de Gerald Kein

Gerald Kein insiste dans son cours sur **des lois de l'esprit.** Vous pourrez voir que ce sont des notions qui sont partagées dans de nombreuses méthodes, elles cadrent le monde de l'Hypnose Elmanienne.

- Toutes les pensées ou idées entraînent **une réaction physique.**

Vous connaissez tous le test de suggestions avec le jeu d'imagination qui consiste à faire focaliser sur un merveilleux citron jaune, pulpeux... que vous allez mordre à pleines dents. La sensation dans la bouche et la salivation sont presque immédiates.

- Ce qui est attendu a de fortes chances de **se réaliser**

Nous connaissons tous les prophéties auto réalisatrices que nous avons tous vécues dans notre quotidien, parce que nous étions certains que cela arrive.

- L'**imagination l'emportera** toujours sur la logique et la volonté

Quand on tente de convaincre une personne qui est dans la projection de son imaginaire avec des arguments logiques, nous allons sans cesse nous retrouver face à un mur. L'imagination a beaucoup plus d'influence.

- Quand une idée a été acceptée par le subconscient, elle reste en place jusqu'à ce qu'on la remplace par une autre idée. **Plus une idée sera présente, plus il sera difficile de la remplacer**

Nous nous retrouvons dans le domaine des résistances que nous croisons tous chez nos clients.

- Chaque suggestion acceptée amène à **moins d'opposition** à la suggestion suivante.

Vous pouvez donc construire des patterns, c'est le principe bien connu des 'yes set'.

- Une émotion qui entraîne un symptôme qui risque d'avoir **une conséquence physiologique** si l'émotion persiste assez longtemps.

Nous acceptons de plus en plus cette idée que certaines maladies physiques sont issues de troubles psychiques ou de chocs émotionnels.

- Quand il s'agit d'influencer le subconscient, plus on y met une volonté consciente et **moins le subconscient répondra.**

C'est une des raisons pour lesquelles nous cherchons à mettre notre partenaire en transe, afin d'éviter une confrontation.

Ces différentes lois donnent une validation à notre pratique de l'hypnose. Vous pouvez rajouter certains de ces éléments dans votre pretalk, si votre client a besoin de plus d'informations.

14 - Les approfondissements

L'approche Elmanienne s'axe particulièrement sur **la qualité de la transe**. A l'inverse de l'hypnose Ericksonienne qui n'insistera pas nécessairement sur les profondeurs, laissant souvent **les transes légères** comme étant suffisantes pour la majorité des cas.

Chez Dave Elman, nous insistons pour trouver un **niveau somnambulique.**

Il est donc important de connaître les **différentes techniques d'approfondissements**, d'une part, si vous faites une induction comme une **rupture de pattern** qui demandera automatiquement des approfondissements pour entraîner au niveau désiré, d'autre part parce que, même au niveau somnambulique, **il peut y avoir des variations.**

Saviez-vous que la **respiration entraîne naturellement** des remontées et des descentes, l'une à l'inspiration et l'autre à l'expiration. Il est utile de le savoir, sachant que si nous jouons avec au travers de nos suggestions nous pourrons en faire un **excellent fractionnement naturel.**

Je vous rappelle que les inductions permettent de **contourner le facteur critique** et d'offrir un état de transe, mais une induction n'entraîne pas nécessairement à un niveau spécifique. Ce qui le permet ce sont les approfondissements. D'ailleurs, lorsque nous décomposons l'induction Elman, nous nous apercevons que l'induction est faite au moment où le client accepte de ne plus pouvoir ouvrir ses yeux.

Le reste, ne représente que des approfondissements.

Le plus important de tous les approfondissements, et si vous ne devez en garder qu'un seul dans votre pratique, ce sera **le fractionnement. Le fractionnement** permet à votre client d'émerger pour être accompagné à retourner vers sa transe.

Vous pouvez prendre le principe de la plongée sous-marine, pour aller vers des fonds plus profonds, il est important de **repasser par un palier un peu plus haut,** afin de descendre plus profondément.

Vous avez certainement vécu cela en cabinet ou avec des amis, un partenaire qui part sur votre induction, vous le sentez plus relâché, vous l'approfondissez un peu et il ouvre les yeux et vous fait remarquer qu'**il ne dort pas.**

C'est une bonne chose d'une certaine façon, la seule chose que l'on peut se demander c'est **si le pretalk a été bien fait.**

Vous pouvez donc utiliser cet émerge avec une suggestion de **fermer ses yeux et de doubler son état de relaxation,** ou simplement lui refaire une induction, ce qui va l'entraîner de plus en plus loin.

Les approfondissements peuvent être kinesthésiques, visuels ou auditifs. **Le toucher fait partie de l'Hypnose Elmanienne,** il ne faut donc pas hésiter à toucher notre client, vous le prévenez simplement avant.

D'ailleurs les mots **'Dans quelques instants'** sont un des approfondissements les plus impactants, parce que vous construisez une attente, en suggérant déjà ce que vous allez faire.

- **Le lâcher du poignet :** Un approfondissement que vous proposez avec une suggestion du type :

"Dans un instant je vais saisir ta main gauche et après l'avoir menée de droite à gauche, quelques fois et sans que tu n'y mettes aucune tension, je vais la laisser tomber sur ta cuisse, te permettant de doubler ton état de relaxation." Je vous conseille de le faire au moins trois fois.

- **Toucher les épaules :** Certains clients ressentent réellement une notion d'approfondissement quand nous mettons une légère pression sur les épaules : "Dans un instant je vais poser ma main sur une de tes épaules et puis sur l'autre et à mesure que je mettrai de la pression sur tes épaules, tu te sentiras de plus en plus relaxé et de mieux en mieux, plus profondément". Très souvent je fais mon décompte en même temps.

- **Le décompte :** Cet approfondissement est auditif et offre au partenaire de plonger et de descendre petit à petit.

Vous pouvez commencer avec un décompte assez tonique de 10 à 7 puis continuer avec un temps plus long entre chaque chiffre.

Par habitude, je mets des suggestions de relaxation ou de connexion entre chaque chiffre du type : "10 double ton état de relaxation, 9 de plus en plus profondément en toi, 8 tu sais qu'à 5 tu seras déjà vraiment plus en connexion avec toi ...."

- **Les silences :** Nous sommes encore dans cette dynamique d'attente donc de spéculation potentielle et donc d'approfondissement par simple saturation.
- **La saturation / confusion :** Entraînez votre partenaire au travers de paradoxe dans des transes et le laisser se perdre dedans petit à petit.
- **L'expiration :** Comme j'ai pu le souligner, l'expiration est un approfondissement naturel, et une possibilité de se détendre, d'ailleurs nous le faisons tous quand quelque chose nous met en pression. Nous expirons profondément.
- **Suggestion :** Nous sommes dans la notion d'hypnose, nous savons que notre partenaire est dans un état d'hyper-suggestibilité, il suffit de le suggérer pour que notre client suive notre orientation. Cela peut se faire en utilisant un phénomène hypnotique comme la catalepsie ou un oubli de chiffre, voire une hallucination.
- **Induction :** Répéter des inductions, si possible instantanées ou rapides, va approfondir l'état de notre partenaire. C'est ce que nous appelons un approfondissement en pyramide.
- **Feedback :** Pour ma part je l'utilise énormément, ce que je nomme le 'check', vous demandez ce que ressent votre partenaire.

Vous pouvez donc pendant toute la session vous permettre d'approfondir, en général on le fait dans un premier temps de la session, mais si vous avez l'impression que cela ne prend pas suffisamment, testez en d'autres.

En Hypnose Elmanienne, il n'y a **pas de logique PNL** comme savoir quel est le canal de communication de son partenaire, **testez simplement** si vous sentez que le client se relâche avec du toucher, multipliez les approfondissements de ce type.

15 - Le principe de suggestions

En hypnose Elmanienne, nous utilisons majoritairement des suggestions directes que nous répétons sans cesse. Il y a **un seeding,** mais pas comme en Ericksonien, ce dernier est simple, et il peut être répété **10-20 voire 50 fois.**

Comme vous le savez, le timbre de voix en Elmanien pourrait **ressembler à un coaching.** Nous cherchons à saturer le subconscient de suggestions simples.

Pourquoi cela fonctionne-t-il ? Simplement parce que nous le faisons à **un niveau de transe Somnambulique,** donc à un niveau d'hyper-suggestibilité et comme nous l'avons vu depuis le début avec le pretalk, le deal de départ, tout oriente vers ce travail d'équipe et un ensemble de principes qui ouvrent aux changements.

Une façon de faire est de revenir toujours aux **3 premières suggestions** de votre session.

Par exemple :

1 - Tu vas prendre conscience de ta confiance

2 - Plus tu avances vers ce monde plus tu brilles

3 - Tu es libre de te libérer de tes peurs

4 - Et tu sais que tu vas prendre de plus en conscience de ta confiance

5 - Comme si tu avançais vers ce monde dans lequel tu brilles

6 - de plus en plus libre et libéré de tes peurs

7 - Et sur ce chemin tu vas pouvoir devenir celui que tu es vraiment

8 - En prenant conscience de TA confiance

9 - Qui te fera avancer dans ce monde dans lequel tu te donnes le droit de briller

Simple n'est-ce-pas ?

C'est vrai que cela est moins complexe que de construire des métaphores, de les imbriquer et autres. Cela peut vous sembler étonnant de simplicité, pourtant les retours sont bien là.

Une suggestion directe est simple à créer :

1- Elle doit être courte

2- Elle doit être positive

3- Si possible évolutive

D'un point de vue sémantique la logique de la négation n'est pas comprise par le subconscient, n'est **pas toujours prise en compte**. Vous entendrez souvent les praticiens d'hypnose Elmanienne **utiliser la négation**. D'ailleurs, pour cela je vous conseille de tester en hypnose de rue, vous verrez que la suggestion simple du type 'tu ne peux plus plier ton bras' fonctionne très bien. Par contre, nous faisons **une substitution** du mot, par exemple : pour "douleur" nous utiliserons 'gêne'. Bien sûr si vous pouvez rester le plus positif possible ou si vous pouvez utiliser la double négation, cela ouvrira également à des retours positifs. Un autre élément qui peut vous intéresser, c'est la sélection de **pensées** ('Selective Thinking'), que nous retrouvons dans notre définition et que je vous rappelle :

L'hypnose est un état d'esprit qui permet le **contournement du facteur critique** du conscient et la mise en place de pensées sélectionnées.

C'est une forme de **suggestion associée**, lorsque nous proposons de 'faire comme si' nous ne pouvions pas ouvrir les yeux.

Tant que **l'on 'prétend' que cela fonctionne**, nous pouvons y associer une pensée sélectionnée (la suggestion) du type : "et tant que tu fais comme si tu ne peux pas, tu ne pourras pas sentir de douleurs ou de sensations désagréables".

Nous parvenons facilement à créer un état analgésique à notre client.

En Hypnose Elmanienne, nous partons du principe que **notre subconscient est un ordinateur** et nous travaillons **sur des programmes,** le fait de créer un **pattern avec les suggestions,** c'est-à-dire un schéma récurrent, c'est comme effacer une ligne de code et la remplacer par une autre.

Il est important que **le client 'accepte'** ce programme, c'est-à-dire qu'il y mette une intention inconditionnelle à 'se dire que cela va fonctionner pour lui'. Cette dynamique est vraiment **une clef** de cette méthode.

16 - Une technique majeure : les régressions

En sortant de mes formations d'hypnose Ericksonienne, même si j'avais entendu parler de régressions, cela me paraissait **une technique comme une autre**. Pas plus importante que cela, et qui pouvait être mise de côté.

Pourtant la première fois que j'ai pris conscience de **l'importance de cette technique** c'est avec Lee Pascoe (www.hypnovision.net).

En effet, dans son cours de base d'Hypnovision, système créé par Burt Goldman, elle mettait en avant cet outil. Et la façon de faire étant tellement simple et offrant de telles opportunités, j'ai 'acheté' cette façon de faire qui était également, **le processus classique en Elmanien.**

Que représente une régression en Hypnose Elmanienne ?

C'est **un retour dans le subconscient** pour offrir des réponses et des indications dans la démarche thérapeutique que notre client met en place.

Il existe plusieurs types de régressions :

- **Régression à la cause** : Nous entraînons le client vers la source de sa problématique
- **Régression spontanée** : Le client va spontanément dans une scène ou un souvenir quand vous l'entraînez dans sa transe
- **Régression en vie antérieure** : il y a tout un aspect de l'hypnose spirituelle qui peut être vu, seulement pour certains clients c'est une des façons les plus efficaces de gérer et de régler un problème dans une remontée symbolique de ses mémoires

- **Régression ludique** : Les clients veulent découvrir ou voir ce qui se passe mais n'ont pas d'objectifs spécifiques.

  C'est une découverte qui peut parfois être décevante parce que ne répondant pas aux attentes.

Pour l'hypnose Elmanienne, travailler la cause **évite** de se pencher sur les symptômes.

En remontant sur une scène ou sur un événement que nous propose le subconscient, nous sommes capables de gérer et de **reprogrammer le bug qui a causé les maux au client.**

Parfois votre client ne donnera qu'**une fausse régression,** vous ne pourrez pas le conduire avec cette technique. Comment vous en rendre compte ? C'est simple, quand le client vit une vraie régression il est **clair et plutôt fluide** dans ce qu'il décrit.

Avec très peu d'hésitations, mais plutôt une association de plus en plus importante à ses perceptions de l'instant.

Les régressions permettent à la fois **d'analyser la problématique** et ce qui constitue sa cause et en plus offrent le potentiel d'agir et de transformer les choses. Il y a une recherche de neutralisation de ce que l'événement ou l'émotion a construit.

Nous utiliserons une suggestion de contrôle en post hypnotique et avant l'émerge, plus la session aura été agitée et plus il faudra le **ramener en douceur de la régression.**

Prenez le temps de vérifier que tout se passe bien sur le retour.

J'ai même pris l'habitude de toujours vérifier après l'émerge si le client peut **se connecter de façon plus apaisée** sur la problématique.

Voici un processus classique pour une **régression à la cause :**

- Dans quelques instants tu vas laisser ton subconscient remonter vers la cause de ton problème, cela pourra être un souvenir que tu connais ou pas, une sensation, une émotion, ou une série de pensées claires.
- Respire profondément et laisse-toi te diriger vers ce qui va te permettre de trouver l'origine des choses,
- Laisse revenir à ton esprit un repas de la veille,
- Très bien, maintenant laisse toi remonter à un repas d'il y a une semaine
- Parfait, maintenant d'il y a environ un mois
- Fantastique, d'il y a quelques années, un qui t'a vraiment plu
- En remontant à un repas de ton enfance
- Respire profondément et de là, dans quelques instants laisse ton subconscient remonter jusqu'à la source de ton mal sur (le sujet de sa consultation).
- Je vais décompter de 10 à 1 et simplement laisse toi le droit d'accueillir les images, les idées, les sensations, les pensées de cet instant, réelles ou pas
- 10 - Tu te laisses remonter dans toute ta vie
- 9 - Comme si tu savais déjà au fond de toi où chercher
- 8 - Ton subconscient t'oriente et c'est comme si tu faisais un bond dans le passé
- 7 - C'est comme un voyage vers toi-même qui va être bon et positif
- 6 - Tu lâches complètement prise
- 5 - Tu n'attends rien d'autre que de laisser les mots, les images, les sensations, les perceptions aller librement dans ton esprit

- 4 - Dans quelques instants tu vas te trouver dans un lieu, un moment, seul ou entouré, que tu vas me décrire avec simplicité et précision
- 3 - Tout est de plus en plus clair, tout est simple
- 2 - Autorise-toi à découvrir cet instant
- 1 - Maintenant tu es à l'origine de ta problématique

A partir de ce moment, je vous conseille de bien accompagner votre partenaire et de ne pas trop le laisser 'penser'. Posez de nombreuses questions.

- Où te trouves-tu ?
- Que se passe-t-il ?
- Que ressens-tu ? Que vois-tu ? Qu'entends-tu ? Que sens-tu ?
- Quel âge as-tu ?
- Que se passe-t-il maintenant ? Que vient-il de se passer ? Que va-t-il se passer ?
- Par rapport à ta problématique et cette scène que ressens-tu ?
- ..

Vous allez pouvoir l'accompagner dans cette mémoire, je dirais même dans ce symbole du souvenir.

Qu'importe la réalité ou l'invention que doit utiliser le subconscient pour s'exprimer, prenez toutes les informations avec attention et vous aurez les clefs pour travailler dessus et donc trouver les suggestions pour corriger la problématique.

Voici une autre façon de faire encore plus simple :

- Dans quelques instants je vais te demander de te connecter à ton enfance en faisant écho au problème que tu as à l'instant

- Je vais décompter de 3 à 1 (on peut le faire aussi avec un snap ou un lâcher de main) et à ce moment-là, parce que tu le décides maintenant sans le moindre effort de mémoire, tu te retrouveras enfant dans un lieu, avec des personnes ou seul.
- 3-2-1, Maintenant tu es enfant, tu as quel âge ? Tu es où ? etc
- Dans quelques instants je vais de nouveau décompter de 3 à 1 et tu te retrouveras à la source de ton problème
- 3-2-1, Tu es où ? Que se passe-t-il ?

Après vous faites votre session en suggestions et en écoutant bien les réponses de votre client, afin d'offrir les meilleures solutions possibles.

17 - L'Auto Hypnose en Hypnose Elmanienne

Comme nous l'avons vu précédemment, en hypnose Elmanienne nous estimons que toute session est **une auto-hypnose accompagnée.** Pour cette raison, l'auto-hypnose est un outil **particulièrement étudié** dans cette méthode. Comme pour le principe d'induction rapide, cette méthode n'est pas nécessairement en relaxation progressive. Vous pouvez dans un premier temps travailler sur la mise en **transe par fractionnement,** c'est **très simple et rapide.**

- Focalise sur un point et respire profondément
- Décompte de 10 à 1 et ferme les yeux en cherchant à te connecter et à t'apaiser
- Ouvre tes yeux et ferme les 10 fois, au rythme d'une respiration profonde, doucement, en te répétant et en faisant comme si tu doublais ton état de relaxation/connexion

Gerald Kein n'aime pas particulièrement la répétition d'une phrase pendant votre auto hypnose. Pourquoi ? parce que le conscient risque d'être trop présent. Il propose que vous mettiez votre **suggestion sur une carte de visite.**

Dans la méthode que je vous propose, il est très facile de prendre une **carte entre les doigts** et de fixer la suggestion jusqu'à la fin de votre fractionnement, puis vous la lâchez pour vous mettre dans une posture confortable pendant quelques minutes. Il conseille de travailler sur **une suggestion par jour entre 3 et 10 fois par jour pendant 1 à 3 minutes.**

Dave Elman, lui, propose le 'faire comme si' pour contourner votre propre facteur critique et dans un second temps d'utiliser une suggestion.

Une méthode simple et particulièrement efficace pour développer ses facultés et corriger ses problèmes. Enseignez donc à votre client cette méthode simple, sur les dernières minutes de votre session.

Cela s'intégrera plus rapidement et cela deviendra **une tache à faire** d'ici la prochaine session.

18 - La technique du 'Faire comme si'

Dave Elman a mis en place un concept à la fois **sémantique et technique** qu'il nomme en anglais **'To Pretend'.** Nous pourrions le traduire par prétendre, mais cela ne donne pas le même impact, que 'faire comme si'.

Comme je vous l'ai déjà dit, en hypnose Elmanienne, nous estimons que le subconscient a 5 ans et il est assez **facile de jouer avec ce levier**, d'entrer dans un rôle comme lorsque nous étions enfant.

Pour le faire très régulièrement et utiliser cette sémantique au quotidien, au départ, même des personnes âgées prennent l'idée avec le sourire et très rapidement se prennent au jeu.

La question qui vient fréquemment sur le sujet concerne le fait que certains ne vont pas suivre cette idée.

Comme je le rappelle systématiquement, nous sommes dans une méthode où **notre client ne doit pas être passif** et c'est la partie de son implication dans la thérapie.

Mais alors, en quoi 'faire comme si' est intéressant ?

Dans un premier temps, vous avez compris que nous sommes dans **un principe inductif.**

Le facteur critique est automatiquement contourné sachant qu'il se retrouve dans une démarche qui est tout, à part logique et analytique, et doit **chercher dans sa mémoire à long terme, donc dans le subconscient.**

Quand vous êtes dans cette dynamique, vous plongez dans les possibles de votre subconscient **sans que le conscient puisse bloquer**, ou rejeter les suggestions.

De plus, vous entrez dans une optique active de la part du client. Il est dans l'instant présent et peut également ouvrir la possibilité du futur en se projetant dedans.

Dave Elman dans son livre "Hypnotherapy", explique qu'une petite fille parvient à s'anesthésier (c'était pour ne plus se gratter) sans le moindre problème et dans l'instant, simplement avec cette idée de faire comme si elle ne ressent plus de douleur. Dans le champ des suggestions, Gerald Kein ou Dave Elman n'utilisent plus vraiment ce concept. Sur le terrain en cabinet, je me suis aperçu que les clients réussissaient, au bout de quelques suggestions commençant par 'fais comme si', à **obtenir des résultats et des retours très rapides,** que ce soit pour des phobies ou des douleurs.

En effet, même si au départ cela parait 'idiot', ce qui est remarquable, c'est qu'à mesure des suggestions, se construit un pattern sémantique et également un pattern dans l'imagerie mentale du client qui se diffuse, développant une nouvelle réalité à ce dernier.

Voici la forme que cela peut prendre (Issue de Hypnotherapy) :
"Ferme tes yeux et fais comme si tu ne pouvais plus les ouvrir. 'Garde à l'esprit que tu fais comme si et pendant que tu fais comme si, tu vas essayer d'ouvrir les yeux.'

Il y a un autre élément sémantique qui est difficilement utilisable en français, mais qui pourtant reprend l'idée du 'to pretend', c'est : **'Make It Happen'**, globalement, 'Faites en sorte' de le faire/ de l'atteindre/ de le mettre en place... Ces deux expressions 'to pretend' et 'make it happen' qui rappellent le deal qui a été fait avec le client au départ et qui est d'accepter les suggestions comme fonctionnant sur lui et de faire en sorte qu'il s'implique le plus possible.

19 - Le Coma Hypnotique - L'état Esdaile

Le mot coma Hypnotique a été créé par Dave Elman. Il a travaillé sur ce niveau de profondeur pour sa **capacité analgésique / anesthésique.**

Il ne faut pas dire au client que vous allez l'entraîner dans un Coma hypnotique. Cela est anxiogène et risque de créer une peur.

Vous pouvez dire que vous allez l'entraîner dans **le niveau de base de sa relaxation.** La simple entrée à ce niveau de profondeur peut changer de nombreuses problématiques aux clients. Pouvoir se retrouver dans un lieu intérieur où tout est bon et agréable. Sans la moindre douleur ou gêne. D'ailleurs cela peut entraîner un phénomène qui peut parfois étonner certains hypnotistes.

Le client **ne revient pas durant l'émerge.** Il ne bouge pas, ne répond pas aux suggestions et rien ne semble perturber la transe. Cela peut rester ainsi de longues minutes voir des heures. Il n'y a pas à paniquer, tous les clients reviennent, il leur faut juste du temps.

Comme en cabinet, nous n'avons pas des heures entre chaque client, Dave Elman a trouvé une suggestion qui permet de sortir de cette transe spécifique.

Cette suggestion se nomme **'la menace'** en Hypnose Elmanienne, elle prend cette forme : **'Si tu ne reviens pas au compte de 10, je ferai en sorte que plus jamais tu ne puisses retourner à un tel état de bien-être et de détente. Je sais comment faire et je mettrais en place cela si tu ne reviens pas au compte de 10'.**

C'est un peu violent mais les clients en coma sortent de cet état et vous pouvez terminer votre session.

Il y a trois éléments très spécifiques dans le coma hypnotique :

- Le client se retrouve dans un **état catatonique**, une forme de tension musculaire qui permet de mettre les bras et les jambes en l'air sans la moindre fatigue musculaire
- Le client est **analgésié/anesthésié** sans la moindre suggestion sur le sujet
- Le client **ne bouge pas si nous lui faisons un émerge** et reste dans sa transe.

Voilà comment mettre un client dans cet état :

- Faites la Elman Induction
- Une fois au niveau somnambulique, expliquez qu'il va se diriger vers la base de sa relaxation en passant par trois niveaux A - B et C
- Dirigez votre client vers le palier A et vous précisez que pour s'y rendre il suffira de doubler l'état de relaxation, physique, psychique et émotionnelle.
- Pour y descendre faites-lui imaginer un escalier et une fois qu'il sera au palier A, qu'il aura doublé son état de relaxation, il dira à voix haute A.
- Dirigez votre client vers le palier B et vous précisez que pour s'y rendre il suffira de doubler l'état de relaxation, physique, psychique et émotionnelle.
- Pour y descendre faites-lui imaginer un escalier et une fois qu'il est au palier B, qu'il aura doublé son état de relaxation, il dira à voix haute B.
- Dirigez votre client vers le palier C et vous précisez que pour s'y rendre il suffira de doubler l'état de relaxation, physique, psychique et émotionnelle.

- Pour y descendre faites-lui imaginer un escalier et une fois qu'il est au palier C, qu'il aura doublé son état de relaxation, il dira à voix haute C.
- Logiquement dès le niveau B, le client ne sera pas dans la capacité de prononcer le B et il n'arrive jamais que le C soit prononcé s'il est réellement en Coma

Le processus est vraiment très simple et vous pouvez tester ensuite les trois points qui prouvent le coma :

- Faites un émerge de 1 à 5 en claquant des mains et vous n'allez avoir aucune réaction
- Tirez un bras et une jambe pour voir la catatonie
- Pincez la main pour voir qu'il n'y a aucune réaction de douleur

Le coma est un outil particulièrement intéressant pour les douleurs chroniques, les brûlures...

20 - L'Hypno-Analyse de Dave Elman

Comme je vous l'ai précisé précédemment, en hypnose Elmanienne Gerald Kein et Dave Elman conseillent de ne pas faire de **la psychologie,** il faut laisser les spécialités aux spécialistes.

Très souvent les personnes qui entendent le mot **Hypno-Analyse** pensent automatiquement à **Psychanalyse.**

Dave Elman fait bien la distinction : La Psychanalyse cherche **une explication complète** sur des croyances complexes. L'Hypno-Analyse va la plupart du temps **à la cause de la réaction** du client dans certaines situations.

En Psychanalyse, il y a un travail avec l'inconscient qui va petit à petit faire émerger une **prise de conscience** des choses.

En Hypno-analyse le travail va s'effectuer avec un éveil au-delà du niveau de conscience grâce à la transe mise en place.

Pour faire simple, en Hypno-analyse nous allons chercher la cause de la problématique pour une situation donnée, alors que la psychanalyse va chercher la cause de la problématique dans l'ensemble de la vie du client.

Pour mettre en place une hypno-analyse, il faut utiliser une induction afin d'entraîner notre client au niveau **somnambulique.**

Nous allons nous orienter vers **la méthode d'identification.** L'objectif est de retourner à **l'origine de la problématique.**

Nous allons rechercher les différentes situations qui ont construit le mal et qui ont accéléré son processus.

Il est important que le client sache qu'il est capable, dans cet état, de facilement retourner dans des souvenirs et des émotions passées.

Une régression à l'enfance se fait facilement et permet de retrouver un **moment agréable.**

De cette régression, vous allez suggérer de **retourner à l'origine du mal.**

Tout au long de la régression, vous **posez des questions, vous interrogez** le client et vous lui permettez de laisser remonter les éléments traumatisants, de laisser les remontées émotionnelles, de les accompagner, sans nécessairement les corriger. Vous pourrez bien sûr travailler en suggestions directes, si vous le souhaitez et si votre client en a besoin. Très souvent lors d'une hypno-analyse, l'éveil de cette perception d'origine, offre un apaisement au client.

21 - L'Hypno-Sleep

Cette technique est ce que Dave Elman considère comme **un outil très utile** dans la démarche thérapeutique.

Dans cette méthode **il y a un paradoxe.** Comme nous pourrions le traduire, l'Hypno-Sleep peut se nommer Hypno-Sommeil.

Or nous savons que l'état de transe ne se fait pas dans le sommeil, pourtant tout le processus se passe en dormant.

Dave Elman a trouvé cette technique pour aider initialement son fils.

Il a donc pu expérimenter que des suggestions qui ne semblent pas fonctionner en état de transe, peuvent, au travers d'une certaine démarche, obtenir **des retours positifs** de la part du client.

L'objectif de Dave Elman est de **communiquer directement avec le subconscient et l'inconscient.**

En cabinet, Dave Elman propose d'utiliser l'hypno-sleep en utilisant les étapes suivantes :

- **Compter le nombre de respirations** de votre client pendant une minute
- Entraînez votre client dans une **transe au niveau somnambulique**
- Suggérez à votre partenaire de **se détendre jusqu'à s'endormir**, et **posez un ancrage** afin qu'il puisse le réutiliser une fois que vous l'aurez émergé
- **Emergez**-le et faites-lui activer son ancrage pour s'endormir

- Attendez que votre patient s'endorme et que le rythme de respiration soit entre 6 et 8 inspirations-expirations par minute

L'objectif une fois que nous avons notre client endormi, est de chercher à **se faire entendre sans qu'il ne se réveille**. Vous pouvez utiliser une suggestion de ce type "Tu peux m'entendre et tu restes complètement endormi".

Il est utile de le faire de nombreuses fois pour que le client entende, parfois il n'est pas réceptif, puis vous commencez **à poser un signaling.** C'est la seule situation en hypnose Elmanienne dans laquelle nous utilisons des réponses idéo-motrices.

Pour poser le signaling c'est très simple, vous pouvez utiliser une suggestion du type :

"Ton index va bouger pour me confirmer que tu dors et que tu entends ce que je dis". Une fois encore pensez à **répéter de nombreuses fois cette suggestion** jusqu'à ce que le client réagisse.

Une fois la réponse obtenue, vous **faites votre travail de suggestions.** Certaines personnes peuvent même vivre une hypno-analyse, c'est-à-dire répondre à haute voix.

Vous finissez en expliquant qu'il va encore dormir quelques minutes et que tout ce qui aura été proposé pourra être oublié comme un rêve, laissant juste ce qu'il y a de positif pour aller au mieux.

Gerald Kein ne parle quasiment pas de cette méthode. Ce n'est pas un outil vraiment utilisé en cabinet et d'ordinaire c'était plutôt à l'intention des médecins, dans le cadre des opérations.

Il est intéressant d'observer que **certaines écoles russes finissent leurs travaux de transe avec une phase de sommeil.** Ce sera certainement un outil à étudier dans les décennies à venir.

22 - Ma façon de pratiquer

Je suis passionné par l'hypnose et la thérapie, pour moi l'hypnose Elmanienne est l'école qui me convient le mieux.

En écrivant cet essai sur cette école, que je souhaite vraiment diffuser et faire reconnaître, je me rends compte, lorsque je regarde mes cours et les informations de cette méthode, que **j'ai changé sur de nombreux aspects.**

C'est d'ailleurs pour cette raison que je nomme ma façon de faire **'l'hypnosophie'**. Un des points sur lesquels je n'adhère plus, c'est la **direction très symptomatique de cette hypnose.** L'objectif est de ne pas creuser, Gerald Kein le précise bien (c'est du fait des lois américaines), l'aspect psychologique n'a pas à faire partie de notre discipline.

Historiquement c'est logique, Dave Elman utilisait avant tout l'hypnose pour **la gestion de la douleur.** Toute cette école s'est basée sur un principe d'efficacité rapide et direct.

Donc, si un partenaire vient pour un TOC, une douleur, une addiction ou une phobie, notre but **n'est pas de chercher pourquoi** mais de reprogrammer. Dans le discours officiel, nous ne travaillons pas sur le symptôme mais sur la cause, dans les faits ce n'est que **rarement le cas.**

Avec l'expérience, même si de nombreux partenaires aiment **cette idée très 'passive'** de se laisser reprogrammer, je me suis rendu compte, en étudiant et en testant, que souvent nos programmes construisent des bugs, parce que ce n'est que **rarement le programme qui est dissonant mais plutôt le système, le noyau** (windows ou mac si vous préférez).

Les programmes vont parfois **effacer une instabilité** mais, comme en informatique, ouvrir une autre vulnérabilité.

On pourra me faire remarquer que la régression à la cause devrait permettre d'aller à la source et de tout gérer, seulement vous le savez si vous pratiquez déjà, nous retournons **souvent plusieurs fois sur une source,** ces dernières sont rarement asséchées.

Un autre point avec lequel je ne suis plus d'accord, c'est le fait de devoir mettre le conscient de côté. D'ailleurs le facteur critique se trouve dans le conscient selon Dave Elman et Gerald Kein.

Je trouve que l'idée de John Kappa, avec cette notion **de sas, me semble plus vraisemblable** dans la pratique.

J'y ai mis **mes propres découvertes** avec des règles de validations et des équilibres de transes. Pour moi, le conscient est **un des facteurs de la transe.** La transe est une communication entre le conscient et le subconscient et il faut un équilibre pour optimiser son utilisation.

Pour Dave Elman, le conscient n'a pas sa place dans cette démarche hypnotique, c'est d'ailleurs pour cette raison que l'on demande **aux clients d'accepter les suggestions consciemment, pour laisser les suggestions aller vers le subconscient.**

Avec le recul, la **prise de conscience, que je différencie de la mentalisation,** reprend une conscientisation de ses émotions, de son corps et de son mental.

Elle apporte une **évolution à la fois consciente et subconsciente et un changement de pattern,** compris, assimilé, renouvelable et ouvre à une notion de libération consciente-subconsciente-inconsciente.

Enfin, j'observe de plus en plus une différence entre le principe **d'hypnose de suggestions et d'hypnose de perceptions** (pour ne pas parler d'hypnose d'état, le mot 'état' entraînant trop de débats interminables).

L'hypnose Elmanienne mêle les deux, mais reste, comme l'hypnose Ericksonienne, avant tout un système qui cherche à ce que **la suggestion soit la clef thérapeutique.**

L'hypnose de perception, cherche à mettre en avant la transe, ce qui est vécu et laisse l'opportunité d'observer que le **simple passage à des états Esdaile ou Sichort** peuvent sans la moindre suggestion se suffire à eux-mêmes.

Cela ouvre donc **une meilleure compréhension de l'importance de la conscientisation,** pour la laisser se diffuser dans un état 'curatif' comme les transes profondes. Les suggestions du praticien ne devenant que superflues.

Je reste **un utilisateur au quotidien de l'Hypnose Elmanienne,** j'y ai mis mes croyances, mes concepts et mes techniques. C'est pour que vous puissiez l'intégrer ou l'utiliser de façon brute que je vous propose ce manuel.

Je souhaite que cela vous donne des idées, vous offre une autre façon de percevoir cette magnifique technique qu'est l'hypnose.

Conclusion

En travaillant sur cet essai **j'ai pris plaisir à vous partager cette méthode** qui, sur bien des aspects, semble **trop simple** pour fonctionner.

La complexité ne se trouve pas dans les techniques ou dans la sémantique. Un peu comme Eric Berne avec l'Analyse Transactionnelle, qui semble avoir mis en place **une méthode simpliste,** on pourrait se méprendre sur **la complexité de cette simplicité.** Berne souhaitait que son système soit compris par un enfant de 5 ans, Dave Elman comme Gerald Kein estiment que le subconscient est un enfant.

Pour autant, vous allez observer avec la pratique, **toute l'ampleur de guider la transe,** de travailler des suggestions directes avec un retour immédiat de notre client, qui peut dire que nous sommes complètement à côté de la plaque.

Vous allez vivre des interactions qui pourront en un instant casser la structure thérapeutique que vous aviez en tête.

Cette hypnose est humaine, vivante et très souple.

Les **régressions systématiques** nous entraînent bien souvent dans des **inconnus passionnants** et des émotions exacerbées. Il y a encore cette croyance que les inductions rapides ou instantanées sont violentes, que les suggestions directes sont directives, que les praticiens de styles 'classiques' manquent de subtilité et sont autoritaires.

Vous allez vous rendre compte en pratiquant que, plus que dans de nombreuses écoles, **le côté humain, fluide, naturel ouvre un rapport et une alliance thérapeutique pleine de douceur, de partage et de confiance.**

Je souhaite réellement que l'Hypnose Elmanienne **soit découverte, dans l'hexagone et en Europe,** autant pour les praticiens que pour les clients, cette façon de faire et de voir l'hypnose peut faire évoluer et avancer beaucoup de choses.

Pour diffuser cette tendance, je vais continuer les vidéos, les audios et les séminaires, mais plus que tout **c'est vous et votre curiosité, peut être cette envie, voire cette passion naissante qui ouvriront le plus de portes.**

La Connaissance est Partage.
Prenez soin de vous
Be one
Pank
Le Chesnay - 26 Octobre 2015

Qui est HnO Hypnose ?

HnO Hypnose est une association de pratiquants et de praticiens en Hypnose à tendance Elmanienne, Hypnosophie, Hypnose Fusion et Thérapies Durables.

Notre but est de rechercher, développer, pratiquer et diffuser sur ces sujets.

Pour ce faire, nous utilisons plusieurs leviers : des formations, des cabinets ouverts, de l'Hypnose Urbaine, des livres, des audios, des live Facebook, des Podcasts...

Nous organisons des formations en Hypnose Classique Curative, Hypnosophie et Psycho-Pratique Intégrative ainsi que des ateliers en thérapie durable.

L'Hypnosophie est une discipline de synthèse et intégrative. L'hypnose est un vaste monde avec des écoles, des styles et des tendances.

Plus qu'un style, nous souhaitons intégrer, sur les bases communes de l'hypnose, une ouverture globale.

Nous organisons des cabinets ouverts, dans le but de faire découvrir l'aspect curatif au plus grand nombre.

Toutes les semaines nous organisons des sorties Hypnose Urbaine ou des Hypno-papotages.

Nous y invitons des praticiens mais aussi des amateurs.

Le but étant de faire connaître, dans un autre contexte que le soin, ce qu'est l'Hypnose.

Cette expérience humaine est extraordinaire. Nous pouvons dissiper les à priori et faire vivre des expériences agréables aux passants.

Vous pouvez trouver plus d'informations sur ce que nous mettons en place sur : www.hno-hypnose.com

Nous avons mis en place un site de Mp3 d'Hypnose pour faire vivre des micros séances. Vous trouverez des informations sur : www.hno-mp3-hypnose.com

Si vous souhaitez nous rencontrer, échanger, partager, n'hésitez pas à nous contacter :

Mail : hype.ose@gmail.com

YouTube / Twitter / Facebook : Hype-N-Ose

Aller plus loin avec HnO Hypnose

Site Hypnose Fusion :

J'ai fait un site qui regroupe désormais l'ensemble des thèmes que j'aborde régulièrement.

- Hypnose et Magnétisme
- Hypnose et rupture amoureuse
- Hypnose et Enfants
- Hypnosophie
- Crosstherapy
- Hypnose et Sexualité
- Hypnose et Sommeil
- Hypnose Urbaine
- Coaching et SmartBrain Process
- Hypnose et Grossesse
- Hypnose et Manipulation
- Hypnose et Arrêt du Tabac
- Hypnose et Anneau Gastrique Virtuel (Système BAGH)

N'hésitez pas à l'utiliser le plus possible, je vais le faire évoluer et répondrai à vos questions.
https://hypnosefusion.com/

Programme d'hypnose disponible gratuitement :

Programme pour se donner de la Bienveillance (21 Jours)

https://hypnosefusion.com/hypnose-et-bienveillance/

Programme Mincir et Prendre soin de soi (21 Jours)

https://hypnosefusion.com/systeme-bagh-programme-mincir-et-prendre-soin-de-soi-5min-jour-sur-21-jours/

Programme Arrêter de Fumer Gratuitement (21 Jours)

https://hypnosefusion.com/hypnose-et-arret-du-tabac/

Programme Anneau Gastrique Hypnotique Gratuit (21 Jours)

https://hypnosefusion.com/hypnose-et-anneau-gastrique-virtuel-systeme-bagh/

Programme Loi d'Attraction (21 Jours)

https://transeattraction.wordpress.com/

Programme Sommeil (7 Jours)

https://hypnosefusion.com/hypnose-et-sommeil/

Programme Hypnogrossesse (21 Jours)

https://hypnosefusion.com/hypnose-et-grossesse/

Programme Smartbrain Process (120 Jours)

https://hypnosefusion.com/coaching-et-smartbrain-process/

Boite à Outils :

Je vous ai mis en ligne une petite boite à outils sur le site
: https://hno-hypnose.com/boites-a-outils-et-partages/

www.ingramcontent.com/pod-product-compliance
Lightning Source LLC
Chambersburg PA
CBHW062054280526
45788CB00003B/1219